Callis Editora
1ª edição, 2011

Texto adequado às regras do novo Acordo Ortográfico da Língua Portuguesa

Coordenação editorial: Miriam Gabbai
Revisão: Ricardo N. Barreiros
Projeto gráfico e diagramação: Thiago Nieri

CIP-BRASIL. CATALOGAÇÃO-NA-FONTE
SINDICATO NACIONAL DOS EDITORES DE LIVROS, RJ

M928c

Munduruku, Daniel, 1964-
Como surgiu : mitos indígenas brasileiros / Daniel Munduruku ; ilustrações de Rosinha Campos. - 1.ed. - São Paulo : Callis Ed., 2011.
32p. : il. color ; color.

ISBN 978-85-7416-590-5

1. Índios do Brasil - Literatura infantojuvenil. I. Campos, Rosinha, 1963-. II. Título.

11-2559. CDD: 980.41
CDU: 94(=87)(81)
09.05.11 10.05.11 026252

ISBN 978-85-7416-590-5

2022
Callis Editora Ltda.
Rua Oscar Freire, 379, 6º andar • 01426-001 • São Paulo • SP
Tel.: 11 3068-5600 • Fax: 11 3088-3133
www.callis.com.br • vendas@callis.com.br

Daniel Munduruku

Como surgiu

Mitos indígenas brasileiros

Ilustrações de
Rosinha

callis

Como surgiu o milho
Um mito do povo Apinajé

Contam os velhos Apinajé que num tempo muito antigo não existia o milho no meio de sua gente. Esse importante alimento teve a seguinte origem:

Um homem, muito moço ainda, perdeu sua mulher ficando, assim, viúvo. Sua tristeza foi tão grande que ele deixou seus cabelos crescerem e decidiu dormir apenas nas moitas no lado de fora da casa.

Uma noite, quando se encontrava deitado sob um céu muito estrelado, viu acima de seu peito uma estrelinha muito bonita que lhe chamou a atenção. Olhando para ela, ficava pensando como seria bom se aquela estrela descesse até ele para confortá-lo em sua dor. Pensando assim fechou os olhos e, quando os abriu, a estrela não estava mais lá.

O moço ficou muito triste e adormeceu. De repente, foi acordado com um estranho som que parecia alguém pulando. Levantou-se num rápido salto e viu que era uma rã aproximando-se dele. Não pensou duas vezes, pegou-a e lançou-a para longe voltando a deitar-se. Minutos depois a rã já estava novamente perto do viúvo. Dessa vez, ela pulou sobre seu peito dando um grande susto no moço. Ele, por sua vez, novamente a jogou para longe e adormeceu.

A rã, então, vendo que o moço não ia nunca querer namorar com ela, transformou-se numa linda moça e foi deitar-se ao lado dele. Ao acordar, o viúvo olhou para o lado e ficou admirado:

— Quem é você? De onde você veio?

— De lá — disse a moça apontando para o céu.

— E o que aconteceu?

— Eu era a rã que você recusou. Meu nome é Candiê-Cuéi. Candiê quer dizer estrela e Cuéi quer dizer feminina. Eu desci do céu para atender seu pedido.

Os velhos contam que o moço ficou muito feliz e acolheu a jovem Candiê-Cuéi em seu leito sob as estrelas. A moça apenas tinha lhe dito que, quando a noite já estivesse para ser despertada pelo sol, ela teria que voltar para o céu.

Na noite do dia seguinte, a estrela regressou para os braços do viúvo, que a esperava ansioso. Trouxe com ela uma cuia repleta de batata e inhame e comeu em companhia do seu novo amigo, que não conhecia aquele tipo de alimento, mas achou tudo muito delicioso. É que naquele tempo, contam os velhos, os Apinajé ainda não tinham roça, e seu alimento era principalmente carne com farinha puba.

Quando o dia começou a aparecer, trazendo o colorido novamente à terra, o moço escondeu a estrela dentro de um cesto, que era confeccionado com palha e fechado por uma tampa. Amarrou muito bem o cesto e deixou-o guardadinho para que ninguém visse. Depois disso feito, foi para o pátio participar da corrida de toras, certo de que sua amiga estrela estava bem protegida.

Acontece, no entanto, que o homem tinha um irmão mais novo, que a tudo observara escondido atrás de uma moita. E tão logo o outro saiu, ele se aproximou, abriu o cesto e olhou a moça lá dentro. Ela abaixou a cabeça toda envergonhada ao ver que aquele não era seu companheiro. O moço curioso, após ter visto a estrela em forma de mulher, fechou novamente o cesto.

Assim que o moço voltou da corrida, veio imediatamente olhar o cesto, mas Candiê-Cuéi permaneceu de cabeça baixa e não quis olhar para ele. O moço tomou, naquele momento, a decisão de tomá-la publicamente por esposa. É claro que todo mundo na aldeia estranhou a moça, pois ela era diferente das outras mulheres do lugar. Sua beleza impressionava e sua pele muito clara fazia que ela fosse notada onde quer que andasse.

Um dia — contam os avós — a moça-estrela foi banhar-se no rio e levou consigo sua sogra, mãe de seu homem. Nem bem elas chegaram às margens do rio, a moça transformou-se num gambá e pulou nos ombros da sogra que, assustada, atirou-o para longe. A moça repetiu o gesto e a velha atirou-a para mais longe. Saltou pela terceira vez, mas, dessa vez, tomou forma humana novamente e disse para a sogra que tinha algo para lhe contar.

— Minha sogra não precisa ficar com medo. Eu tenho algo muito importante para lhe contar.

— O que minha nora quer me contar — perguntou a senhora.

— Minha sogra está vendo aquela árvore logo ali? — no que a senhora fez que sim com a cabeça.

— É isso que nossos parentes devem comer de agora em diante no lugar do pau puba.

Dizendo isso, a moça transformou-se novamente em gambá e subiu na árvore que havia mostrado e derrubou uma porção de espigas de milho. Depois desceu e tomou novamente a forma humana; juntou as espigas e carregou-as e as levou para a aldeia com a ajuda da sogra.

Ao chegar à aldeia — contam — ensinou a senhora a fazer bolo de milho. Ambas saborearam a comida e ofereceram um pouco para um menino que a tudo assistia. Assim que pegou a guloseima, o menino saiu em disparada para mostrar a novidade aos amigos. Quando passava em frente à casa dos homens, esses o chamaram e perguntaram-lhe o que estava comendo. O menino lhes deu um pedaço. Todos acharam aquele alimento muito bom e quiseram comer ainda mais.

Desejosos que estavam pelo novo alimento, os homens não pensaram duas vezes e logo quiseram derrubar a árvore que brotava o milho. Pegaram seus machados de pedra e bateram furiosamente na árvore para fazer o fruto cair. Como era uma árvore muito grande, ficaram cansados e resolveram sentar-se ao lado para retomar o fôlego do trabalho. Quando voltaram ao trabalho, viram que a árvore tinha se recuperado de todo o corte que sofrera, estava tudo como antes. Resolveram, então, mandar dois meninos até a aldeia para trazer um

machado melhor. Acontece, porém, que os dois meninos encontraram no meio do caminho um gambá do campo. Os pequenos não resistiram e mataram o animal e o comeram assadinho. No entanto — dizem os Apinajé — é proibido, para crianças, comer gambá, por isso os dois curumins envelheceram rapidamente na mesma hora e já não conseguiam andar com agilidade para chegar à aldeia. Foi aí que os homens tiveram a ideia de mandar um outro menino, que encontrou os dois anciãos andando com muito vagar pela floresta. O menino tomou os velhinhos pela mão e os levou de volta para a aldeia onde foram tratados por um velho sábio, que os transformou novamente em meninos.

Finalmente, o machado de pedra chegou ao local da árvore onde estavam os homens à espera. Com muito esforço conseguiram derrubá-la. Candiê-Cuéi aconselhou-os, então, a abrirem uma roça e a plantarem o milho, ele passou a ser um alimento muito importante daquele dia em diante. Assim fizeram os homens e é por isso que até hoje os Apinajé gostam muito de comer milho.

Com o passar dos anos, o homem de Candiê-Cuéi foi envelhecendo, envelhecendo, envelhecendo, até que morreu. A mulher-estrela ficou muito triste e resolveu voltar para o céu de onde poderia olhar para todos os Apinajé.

Apinajé

Apinayé, Apinaié — Estão presentes no Estado do Tocantins. São falantes do Jê e somam uma população de aproximadamente mil pessoas.

Como surgiu a mandioca

Um mito do povo Tembé

Dizem os velhos Tembé que, no tempo em que os animais falavam, seu povo não sabia plantar mandioca. Tudo o que eles faziam era plantar camapu em suas roças. Um certo dia, um homem foi até sua roça para plantar mais camapu. Maíra — um pajé muito poderoso — chegou no local e perguntou ao moço o que ele estava fazendo. Este, porém, não quis dar uma resposta boa para o pajé e disse-lhe que não era de sua conta o que estava fazendo.

Maíra foi-se embora, então. Estava irritado com a arrogância daquele moço. Fez a floresta escurecer e uma forte chuva caiu sobre a plantação do homem que, indignado com Maíra, acabou esquecendo uma abóbora pelo caminho. Não se importou, porém. Estava decidido a matar o pajé que havia destruído sua plantação.

Enquanto ia em direção de Maíra, o homem encontrou uma outra abóbora pelo caminho. Ele a pegou para treinar como mataria o pajé. Num desses momentos do treino, a abóbora lhe caiu com tamanha força sobre a mão, que a faca atravessou-lhe a garganta matando-o imediatamente.

Maíra continuou seu caminho sem se importunar com o que havia acontecido. Encontrou um outro homem cuidando de seu roçado. Maíra perguntou o que ele fazia, no que respondeu que limpava sua plantação de camapu. O homem acrescentou:

— Seria muito bom que nosso pai Maíra voltasse para nossa terra! Certamente ele nos traria muitas coisas novas, pois já estamos cansados de comer camapu.

— Maíra sou eu — disse o pajé. — Queres ter mandioca?

— É claro que sim, Maíra. Quero ter uma grande plantação de mandioca!

Maíra transformou imediatamente as árvores cortadas da plantação em manivas e ensinou-lhe como deveria plantar. Depois, ambos foram para a casa do moço, que demonstrava toda sua felicidade por estar ao lado de Maíra. Ao chegarem na casa, Maíra ordenou que ele voltasse para buscar mandioca para fazer a deliciosa manicuera. Mas o homem não acreditou que já estaria brotando e duvidou das palavras do pajé. Este, por sua vez, amaldiçoou a sua falta de fé dizendo que o homem estaria condenado a colher mandioca apenas uma vez por ano, por não ter acreditado em suas palavras.

Lamentando muito, Maíra deixou aquele lugar.

Um dia, ele estava caminhando pelo mato e notou uma bela árvore. Apoiando-se em seu tronco, deu uma ordem para que ela se transformasse em uma mulher e se tornasse sua companheira. Imediatamente os galhos se transformaram em uma casa e o tronco se tornou uma linda mulher, a quem o pajé mandou que entrasse na casa. Os dois viveram durante muito tempo juntos. Um dia, porém, desconhecendo que a mulher estava grávida, Maíra quis partir novamente. Ela ficou triste, mas não o incomodou.

Passado algum tempo e agora já com a barriga crescendo, a mulher sentiu saudade do pajé, mas não sabia como ir atrás dele. Foi então que ouviu uma voz saindo de dentro de seu ventre:

— Vamos atrás de nosso pai...

A mulher estranhou a voz, mas apenas perguntou:

— Sabes o caminho?

— Sei, sim, minha mãe.

Seguiram os rastros do pai. No meio do caminho, a criança ainda no ventre pediu que a mulher colhesse as flores que fosse encontrando. Numa dessas flores havia uma vespa que picou-lhe o dedo. Ela ficou furiosa com o filho não nascido e cutucou-lhe no ventre. O menino ficou muito zangado.

— Que caminho seguiu teu pai? Será que sabes aonde estamos indo?

O menino apenas apontou para a casa do Micura, aonde chegaram durante a noite ameaçados por um temporal. O Micura os acolheu em sua casa.

— Para onde vai? — quis saber o hospedeiro.

— Procuro o pai de meu filho. Obrigado por me acolher em sua casa, parente.

— Não tem problema. Apenas tenho que reforçar o telhado, pois com a chuva que vai cair pode ser que a casa não aguente.

— Tudo bem, Micura. Pode ir consertar o telhado.

O Micura deu um pulo e foi para o telhado. No entanto, em vez de consertar o telhado, o malvado fez foi um buraco bem em cima do local onde a mulher ia dormir para que a chuva caísse sobre ela. Não deu outra. De madrugada, enquanto a chuva caía bem forte, a mulher reclamou que chovia sobre sua rede.

Como o Micura tinha outros planos para aquela mulher, aconselhou-a a colocar sua rede mais próxima da dele. Quando a mulher dormiu, o danado foi ao telhado novamente e abriu nova goteira sobre a rede obrigando a mulher a deitar-se junto dele. Dormiram juntos e quando o dia amanhecer, a mulher já estava com outro filho no ventre. Os dois meninos, agora ocupando o mesmo espaço, começaram a brigar, um dizendo não querer dividir com o outro o ventre materno.

Naquele mesmo dia, a mulher foi embora daquele lugar. Caminhou longamente até avistar um local, que era a casa das onças. Ali chegando, viu que havia apenas uma velha mulher, que lhe perguntou de onde ela vinha. Enquanto conversavam, a velha disse que ela deveria se esconder, pois as onças estavam voltando para casa e nada conseguiram trazer de alimento. Elas deviam estar famintas.

Quando as onças chegaram em casa, sentiram um cheiro de gente e passaram a vasculhar tudo à procura de visitantes. Descobriram que havia algo dentro de um cesto, abriram-no e dele saiu correndo uma corça: era a mulher grávida que havia se transformado no animal por um poder mágico do filho do Micura. As onças não pensaram duas vezes e foram no encalço do animal e o capturaram com facilidade. Quando estavam devorando a mulher, notaram que ela estava grávida de dois garotos.

— Veja, mãe — disseram as onças —, a mulher tem dois filhos!

— Legal — disse a velha —, pode deixá-los comigo, que vou aproveitar para engrossar nosso caldo.

O que a mulher não previu foi que aqueles dois meninos eram muito poderosos.

Ela tentou colocá-los num caldeirão, mas queimou a mão.

Ela tentou fatiá-los em pedaços, mas cortou o dedo.

Ela tentou socá-los num pilão, mas machucou-se.

Diante disso, preferiu conservá-los, escondendo-os debaixo de um cesto. Quando levantou o cesto no dia seguinte, no lugar deles estavam dois papagaios novinhos. Sem outra alternativa, a velha resolveu criar os pássaros e os alimentou. Logo, logo, os dois papagaios ficaram crescidos e se transformaram novamente em meninos. A velha e seus dois filhos onças resolveram criá-los.

Um dia saíram para caçar. As onças os ensinaram como fazer arco e flechas para caçar passarinho enquanto caminhavam, com a velha, para a roça. Lá brincaram tanto, que a mulher ficou cansada. Os meninos aproveitaram para lhe fazer cafuné na cabeça e ela adormeceu. Eles imediatamente pegaram uma cabeça humana que ela carregava e passaram a jogar com ela como se fosse uma bola. A velha acordou depois de algum tempo e se puseram a caminho de casa.

Enquanto caminhava, a velha lhes ordenou que não se afastassem dela, pois havia um monstro por aquelas bandas e poderia devorá-los. Passando por uma clareira, viram um japuaçu que, de forma zombeteira, os instigava:

— Vocês vivem com as onças que devoraram sua mãe!!!! Elas comeram a pobre coitada que nem teve como se defender.

Isso magoou demais os meninos, que começaram a chorar convulsivamente. Quando a mulher lhes perguntou o que acontecera, um deles disse que tinha sido picado por uma vespa e que estava doendo muito. A velha estranhou, pois não tinha vespa por ali.

— Mas não há vespa por aqui — disse a mulher.

— Há sim. Você quer ver? — disse um dos meninos correndo para o mato.

— Quero ver sim, pois acho que estão mentindo.

O curumim que foi para o mato pegou uma folha de maniva e misturou com barro e, assoprando, transformou-a num vespeiro. Em seguida, levou-o à mulher que o aguardava. Lá chegando, jogou o vespeiro sobre o rosto da mulher, que foi toda picada pelos insetos. A mulher ficou desesperada e saiu correndo para o lado do rio.

Quando os dois meninos cresceram e estavam quase virando homens, dirigiram-se para a floresta. Fizeram um cesto para levar farinha de mandioca e disseram às onças que iam caçar corças. Chegaram à beira de um igarapé onde começaram a trançar, com palha de arumã, abanadores e tipitis. Depois de prontos, jogaram os objetos no rio, num lugar bem fundo. Os abanadores transformaram-se em piranhas e arraias. Os tipitis viraram cobras-d'água, jacarés e poraquês.

Os jovens mataram cinco porcos-do-mato e atiraram a carne na água para que esses seres da água se acostumassem a comer carne e se tornassem ferozes. Fizeram a mesma coisa com a carne de uma anta. Depois atravessaram o rio usando uma pinguela construída pelo filho do Micura. Ele a construiu com flechas, que ele atirou de uma margem à outra. Os gêmeos passaram sobre a ponte e colheram anajás que, prontamente, levaram para casa. Lá chegando, contaram às onças como haviam conseguido aquelas deliciosas iguarias. Elas ficaram curiosas dizendo querer ir com eles no dia seguinte colher os frutos.

O que as onças não sabiam era que os gêmeos tinham um plano em mente. E assim aconteceu: quando as onças estavam atravessando

a pinguela, o filho de Maíra fez as águas levantarem desequilibrando as onças e fazendo-as cair no rio. Não deu outra: foram imediatamente devoradas pelos seres aquáticos. Assim, os gêmeos conseguiram aniquilar as onças que devoraram sua mãe.

Feito isso, os gêmeos decidiram procurar Maíra. Apossaram-se das armas dos chefes das onças e colocaram-nas num pedaço de taquara. Chegando na casa das onças, meteram a taquara no fogo, que lançou ao longe um tição, e o filho de Maíra o guardou para si. Feito isso, saíram dali.

Em seu caminho, encontraram um azã, um demônio, que pescava no rio. Os jovens, vendo aquilo, resolveram aprontar mais uma de suas estripulias: o filho de Maíra decidiu tomar o anzol do demônio. Transformou-se num surubim, desceu para as águas, prendeu o gancho do anzol e arrancou-o. O azã, que nada percebeu, colocou um novo anzol e atirou-o novamente na água e ali ficou sem se dar conta do que realmente acontecera.

Só que o filho do Micura queria também experimentar. O filho de Maíra aconselhou-o a fazer da forma certa, mas na hora o jovem acabou mordendo a isca e foi pescado pelo demônio, que o matou e o levou para casa onde o comeu assado.

Entristecido pelo ocorrido, o filho de Maíra transformou-se numa formiga tocandira. Dessa maneira, pensava, poderia entrar na casa de azã. Assim ele fez. Entrou na casa e pôs-se a juntar todas as espinhas de peixe espalhadas pelo chão. Envolveu-as numa folha e soprou sobre ela. Como num passo de mágica, o jovem filho do Micura ressuscitou.

— Dormi muito, meu irmão?

— Não. O azã te matou e te comeu, mas eu te trouxe de volta.

Vou fazer com que não morras mais, como eu. Para isso vamos à procura de nosso pai.

Os dois jovens puseram-se, então, a caminho da casa de Maíra. Naquela noite, dormiram pelo caminho e, quando o dia amanheceu, avistaram a casa de Maíra, que já os esperava, pois ele conseguia ler o futuro.

Ficaram algum tempo com o pai, para quem fizeram muitas tarefas importantes, deixando uma grande herança para o velho Maíra. Um dia, no entanto, resolveram que iam embora dali viver pelo mundo afora.

— E para onde vão, meus filhos?

— Vamos andar pelo mundo, nosso pai?

— Por que não ficam perto de mim?

— Porque em nosso coração mora a vontade de partir.

Situação atual

Os conflitos continuam presentes na vida dos povos indígenas brasileiros. Ultimamente, novos confrontos têm acontecido de norte a sul do país. São sempre os antigos problemas levantados pelos inimigos dos indígenas: muita terra para pouco "índio"; os "índios" atrapalham o progresso; os "índios" não deixam o país progredir porque são preguiçosos, mendigos. Tudo isso levantado por aquelas pessoas que têm maior interesse em destruir, escravizar, explorar a mão de obra assalariada. São os donos dos garimpos, donos das mineradoras, donos das madeireiras clandestinas, donos de fazendas de fachada, donos das grandes lavouras de soja, entre outros. Essas pessoas não pensam no país, pensam apenas em si mesmas. Quem pensa no país sabe que, sem a existência dos povos indígenas, a Amazônia não teria a importância que tem hoje para o mundo; que ela já teria sido loteada para a construção de condomínios de luxo; que ela não mais guardaria a grande biodiversidade, riqueza dos brasileiros; que ela seria toda asfaltada pelos exportadores de grãos; que o Brasil não teria mais a configuração que hoje tem; que o Brasil já não teria o bem mais precioso para a humanidade: a água.

Pois é graças à existência teimosa das populações indígenas e ribeirinhas, que ainda temos a riqueza da fauna e flora por todo o Brasil.

— Então podem ir andando pelo mundo. Não posso impedi-los.

— Nós iremos, pai, mas não esqueceremos o que nos ensinou. Andaremos pelo mundo levando sua sabedoria.

E assim aconteceu. Os gêmeos foram embora para o leste deixando Maíra vivendo sozinho naquele lugar.

Ainda hoje, contam os Tembé, que o velho pajé Maíra vive por aquelas bandas do Maranhão.

Tembé

Os Tembé estão presentes no estado do Pará e do Maranhão. São falantes do Tupi, família linguística tupi-guarani. Sua população é de aproximadamente 1.500 pessoas.

Como surgiu o fogo

Um mito Caiapó

Contam os Caiapó que um jovem achou um ninho de arara com dois filhotes. Estava bem no alto, num buraco feito em um paredão. Estava tão alto que o jovem pediu ajuda para seu cunhado. Os dois cortaram uma árvore e a encostaram no paredão. O jovem mandou o cunhado subir para pegar os filhotes. Este subiu, mas, assim que esticou sua mão, os filhotes o avistaram e gritaram tanto, tanto, que as araras adultas se lançaram contra o invasor com gritos furiosos. Ele ficou com medo e não fez como lhe havia pedido o jovem. Este ficou tão aborrecido, que tirou a árvore do paredão e foi-se embora deixando o outro preso lá em cima.

O jovem abandonado ficou preso por cinco dias. Já estava cansado, com fome e sede. De vez em quando, cantava com voz fraca: "*He piendnyõ, padko!*" (oh, cunhado, beber!). Ali, sozinho e abandonado, ficou cheio de cocô das araras e das andorinhas que sobrevoavam.

Uma onça passou bem perto do paredão. Estava faminta e procurava comida. Viu, então, a sombra do menino movimentando-se no chão e saltou sobre ela para agarrá-la, mas de nada adiantou. Esperou que o rapaz se mexesse outra vez e fez outra tentativa em vão. Só conseguiu avistar o menino quando este cuspiu em sua direção. Ela levantou a cabeça e, finalmente, o avistou.

— O que você está fazendo aí em cima? — perguntou ao menino.

— Estou aqui porque meu cunhado me deixou preso.

— E o que tem no buraco?

— Tem filhotes de arara — respondeu o menino.

— Por que você não joga uns para mim?

Ele espertamente jogou apenas um para a onça, que devorou o filhote de arara tão logo lhe caiu aos pés.

— Só tem um aí? — perguntou o felino.

— Não, ainda tem outro.

— Jogue-o para mim, então.

Mais uma vez, o menino jogou outro filhote, que foi devorado imediatamente pela onça faminta. Depois que se fartou, pegou o pau, encostou-o no paredão e mandou o menino descer. Só que ele estava desconfiado de que a onça iria comê-lo e, quando estava chegando ao chão, um medo muito grande abateu sobre si e ele voltou para o topo do paredão. A onça o tranquilizou dizendo que iria dar-lhe de beber. Acuado pela sede que sentia, o menino, finalmente, desceu.

Quando chegou no solo a onça o carregou nas costas até um riacho. O menino bebeu tanta água que ficou estendido no chão até adormecer. Dormiu por um longo tempo, sendo acordado pela onça que o ficou vigiando. Quando o menino acordou, a onça lhe disse que queria adotá-lo, pois não possuía filhos.

O menino, ainda que um pouco desconfiado, aceitou. Foi levado pela onça macho por um caminho que ele não conhecia.

Quando chegou à casa do seu novo pai, percebeu que havia um grande tronco de jatobá aceso numa das pontas.

— Que fumaça é essa, meu pai?

— É o fogo, meu filho.

— O que é o fogo?

— Isso você saberá à noite quando o frio chegar e o fogo te aquecer.

Dito isso, a onça macho foi presenteando o menino com muita carne assada. Como isso era novidade para ele — já que sua gente não conhecia o fogo — comeu até não poder mais. Adormeceu muito bem alimentado. Lá pela meia-noite acordou e comeu mais um pouco ainda, até voltar a cair no sono.

Quando chegou a madrugada, o onça foi caçar. O menino o seguiu por um bom pedaço e, subindo numa árvore, esperou que ele retornasse. Acontece que o garoto sentiu fome por volta do meio-dia. Desceu da árvore, foi até a casa e pediu para a mulher do onça lhe dar comida. Esta ficou muito nervosa e lhe mostrou os dentes dizendo que ela jamais serviria alimento para aquela pessoa. Disse isso e pôs-se a correr atrás do menino, que foi refugiar-se na árvore novamente à espera do seu pai onça. Quando este chegou, o menino logo contou tudo o que havia se passado.

O onça imediatamente foi falar com sua mulher, a quem repreendeu com severas ameaças. Ela apenas respondeu que havia sido uma brincadeirinha e que isso não se repetiria novamente.

No outro dia de manhã, o onça fez um arco e flechas para o menino. Levou-o consigo e mandou que atirasse num ninho de cupim. Ele assim o fez e conseguiu furar o ninho de um lado a outro. Então o onça mandou-o flechar a sua mulher onça caso ela o ameaçasse, mas que tivesse o cuidado de acertar muito bem. Depois disso, ele foi caçar.

Ao meio-dia, o menino sentiu fome outra vez e foi para a casa pedir um pedaço de carne à onça. No entanto, ela novamente o ameaçou de morte, mostrando-lhe os dentes e as unhas. No momento em que ela lhe mostrou as garras, o menino colocou a flecha no arco e fez pontaria sobre ela, que mais que rapidamente tratou de prometer-lhe comida. O garoto, mesmo assim, não quis saber e jogou-lhe uma certeira flechada atravessando-lhe o corpo. Enquanto a malvada onça se debatia no chão, o rapaz tomou o caminho da floresta e foi ao encontro de seu pai-onça. Quando o encontrou, contou-lhe que havia matado a fêmea. Ele compreendeu a ação do filho e o levou para casa onde deu-lhe mais carne assada e o liberou para que voltasse para seus parentes e lhes contasse sobre o fogo. Disse-lhe que devia seguir o rumo do riacho. Alertou-o para os perigos que poderia encontrar.

— Quando você ouvir o grito das pedras ou da aroeira, responda sem medo. Mas se ouvir a voz baixa do pau-podre, faça de conta que não é com você. Não responda, fique quieto. E quando houver passado dois dias de sua partida daqui, volte para buscar o fogo e levá-lo para sua gente.

O menino seguiu ao longo do riacho conforme lhe havia ordenado o onça. Depois de algum tempo, ouviu o grito da pedra e respondeu. Ouviu o grito da aroeira e respondeu também. Por fim, gritou-lhe o pau--podre. O menino, no entanto, havia esquecido o conselho do onça e acabou respondendo também o grito do pau-podre. É por isso — dizem os Caiapó — que os humanos têm vida curta. Se tivesse respondido somente à pedra e à aroeira, eles teriam uma vida longa como a deles.

Depois de mais algum tempo ele ouviu um grito e respondeu.

O grito era de Me-galô-kumdu're — um espírito feio da floresta.

— Por quem você está chamando? — perguntou o demônio.

— Chamo por meu pai.

— Mas eu sou o seu pai.

— Não, meu pai é muito diferente. Ele tem cabelos compridos.

O espírito foi-se embora e voltou pouco depois com cabelos compridos, tentando fazer-se parecer com o pai do menino. Este, porém,

Crescimento populacional

A população indígena está crescendo. Este é um dado que já é bem conhecido por todos. Cresce mais que a média da população brasileira.

Outro dado curioso é que os indígenas se sentem mais à vontade para aceitar sua identidade, ao contrário de alguns anos atrás em que tinham que esconder sua própria origem por medo de perseguição de pessoas que queriam tirar-lhes a terra. A prova disso é o crescente ressurgimento de pessoas que assumem sua identidade étnica. Só nos últimos anos, foram mais de 50 pedidos de reconhecimento étnico por grupos indígenas. Em quase todos os estados brasileiros há os chamados grupos resistentes. Esse pedido é dirigido à Funai, que determina que se faça um estudo para ter certeza de que aquele grupo é realmente originário daquele território. Depois do relatório, o órgão tem obrigação de demarcar uma terra para aquele povo morar.

não o reconheceu como pai, pois sabia que seu pai tinha cavilhas nas orelhas. Desconfiado, o menino descobriu que aquele era o demônio Me-galô-kamdu're.

Tendo sido descoberto, o demônio projetou-se sobre o menino e assim ficaram durante muito tempo, até que o garoto ficasse totalmente exausto em suas forças. Desmaiado pelo esforço que fizera, o menino foi carregado pelo demônio que o colocou dentro de um jacá. Sua intenção era servi-lo como alimento para seus filhos. Mais adiante, ele descobriu uma árvore cheia de quatis. Ele colocou o jacá no chão e sacudiu a árvore com muita força. Os quatis caíram todos da árvore. O demônio pegou-os todos e os colocou também dentro do jacá por sobre o menino. Depois pegou a carga e pôs-se a caminho de casa. Nesta altura, o menino já havia se recuperado do cansaço. Dirigiu-se ao demônio sugerindo que este abrisse primeiro uma picada na mata a fim de facilitar seus caminhos e, assim, chegar em casa com mais rapidez.

O demônio aceitou o sugestão e fez isso. Aconteceu, no entanto, que neste ínterim o garoto fugiu deixando em seu lugar uma pesada pedra coberta pelos corpos dos quatis mortos.

Urbanos

Outro fato curioso é o surgimento de uma nova categoria de indígenas: os "índios" urbanos. Esse fenômeno deu-se graças aos conflitos que iam acontecendo nas aldeias, obrigando os jovens ao êxodo, criando verdadeiras aldeias nos bairros de grandes cidades, como Cuiabá e Manaus.

É claro que o evento em si é bastante preocupante, pois acaba criando uma demanda muito grande por terra, atendimento à saúde, educação e por projetos de autossustentação econômica dirigida aos órgãos competentes e gerando novas situações de conflitos de identidade, especialmente nos jovens indígenas.

Depois que o demônio já havia feito o caminho, voltou para o lugar onde havia deixado o jacá, ergueu-o de novo, mas achou muito pesado. Ainda assim continuou seu caminho até em casa. Chegando lá, chamou todo mundo para dividir o que havia conseguido naquele dia.

— Venham todos, pois eu consegui um passarinho muito bonito.

— Será isto? — falou um dos filhos que já havia chegado próximo do jacá.

— Não. Não é nada disso.

— Então é isso? — ergueu os braços um dos guerreiros.

— Não, não é isso.

E assim foi tirando todos os quatis até chegar no último. Depois viu a pedra que ali estava no fundo do saco. — Agora aqui só tem um pedra, meu pai.

— Puxa vida, meus filhos. Então devo ter perdido nossa comida pelo caminho.

E assim aconteceu do jovem Caiapó enganar o espírito ruim que o queria devorar.

Quando o jovem retornou à sua aldeia, contou suas venturas com as onças e o Me-galô-kamdu're. Falou a todos que agora já não precisariam mais comer nada cru. Dizendo isso, convidou a todos para ir no dia seguinte à casa das onças para buscar o fogo. Muitos animais apareceram oferecendo seus serviços: o jaó e o jacu foram considera-

Kayapó

Os Kayapó (Caiapó, Kaiapó, Kubenkokré) se autodenominam Mebemokré, que significa "gente do fundo do rio". Esse povo — que vive no sul do Pará — acredita que seus primeiros pais, seus antepassados, saíram de dentro do rio para povoar a terra. Mas acreditam também que são filhos das estrelas segundo seu mito de origem.

São falantes de uma língua pertencente à família linguística Jê e têm uma população de aproximadamente 5.000 pessoas.

dos fracos demais para carregar o fogo, mas a anta, ao contrário, foi aprovada por todos, pois era forte e conseguiria carregar o tronco do jatobá que contém o fogo.

Ao entrarem na casa, sempre guiados pelo menino, a onça entregou o fogo ao rapaz dizendo-lhe que o havia adotado como filho. Muito agradecido ao onça, ele passou o jatobá à anta e seguiram o caminho de volta à aldeia.

O jacu, que junto com o jaó corria atrás, engoliu uma brasa que tinha caído, por isso, até hoje tem a garganta cor de fogo.

Daquele dia em diante, os Caiapó tornaram-se possuidores do fogo e puderam comer seus alimentos assados; graças às aventuras vividas pelo jovem, esse parente que, antes, vivia sob o domínio das onças.

www.ingramcontent.com/pod-product-compliance
Ingram Content Group UK Ltd.
Pitfield, Milton Keynes, MK11 3LW, UK
UKHW061019020926
14795UKWH00038B/601

9 788574 165905